1389

ODE

POUR
MONSEIGNEUR
LE CARDINAL
MAZARIN.

A PARIS,
Chez la Veuue IEAN CAMVSAT,
ET
PIERRE LE PETIT, Imprimeur ordinaire du Roy,
ruë S. Iacques, à la Toyſon d'Or.
M. DC. XLVII.
AVEC PRIVILEGE DV ROY.

ODE

POUR MONSEIGNEUR LE CARDINAL MAZARIN.

*CAVANTES* Nymphes de Sicile,
Dont les amoureux chalumeaux
Iadis à l'ombre des ormeaux
Inspirerent le grand Virgile;
Vierges, Meres des nobles Arts,
Par qui les Nourrissons de Minerue & de Mars
Sont esleuez au rang des choses plus qu'humaines;
Vous, que de vostre Empire ont chassé les mortels,
Tristes Diuinitez, donnez tréve à vos peines,
Vous allez recouurer l'honneur de vos Autels.

A l'abry de nos justes armes
Goustant vne profonde paix,
Vous desployiez tous vos attraits,
Et faisiez luire tous vos charmes.
Le Mont-gibel estincelant
A l'enuy de vos feux ses flammes exhalant,
Vous tenoit lieu du Mont à la jumelle crouppe;
Aretuse mesloit son murmure à vos chants,
Et de vostre adorable Trouppe
Comme vne autre Hippocrene arrosoit les beaux Champs.

※3※

Quand la plus noire des Furies,
Celle qui regne entre les trois,
Vint exercer sur le François
Ses infernales barbaries.
L'Ibere, au cœur ambitieux,
Par ses magiques sons l'euoqua des bas lieux,
Et luy fit dans vos airs respandre son haleine;
De son souffle empesté tout demeura surpris;
Il infecta le Mont, il infecta la plaine,
Et son venin passa mesme jusqu'aux esprits.

Qui ne sçait l'horrible carnage
De cét espouuantable Soir,
Où dans vostre Isle elle fit voir
Les derniers excés de la rage?
Quels climats assez reculez,
Des François par son fer à l'Espagne immolez,
N'ont point encore appris la tragique auenture?
Au bout de l'Vniuers le bruit en est passé;
Le souuenir encore en trouble la Nature,
Et la suite des Temps ne l'a point effacé.

※❦※

Nos trouppes desfaites sans guerre,
Par vne traistresse fureur,
Rendirent vn objet d'horreur
Vostre delicieuse Terre:
De morts l'vn sur l'autre entassez,
Les plus maigres sillons se virent engraissez;
Tout fleuue, tout ruisseau, de sang teignit son onde;
Chaque arbre en empourpra son escorce & son cœur;
Et des pampres touffus la racine feconde
A longs traits en suça la fumante liqueur.

A ij

Telles des fieres Danaïdes,
Pour plaire au plus fier des Tyrans,
Contre leurs amoureux Parens
Furent les Nopces parricides.
Tels, dans leurs infideles bras,
Leurs genereux maris souffrirent des trespas,
Dignes d'estre expiez par de nouuelles peines;
Et tous comme à l'enuy, par elles massacrez,
Virent des rouges flots qu'espancherent leurs veines,
Sous les perfides toits souiller les lits sacrez.

On oit encor dans les nuits sombres,
Parmy vos rochers & vos bois,
Les tristes & mourantes voix
De tant de lamentables Ombres.
Encor les bleds de vos guerets,
Les herbes de vos prez, les joncs de vos marests,
D'vn desordre si grand conseruent les vestiges;
Le sang par tout se trouue aux arenes meslé;
Des vieux chesnes par tout il colore les tiges,
Et par tout des torrens n'est pas bien escoulé.

Mais d'vne si lugubre histoire
Adoucissez le souuenir,
Par vn nom de qui l'auenir
N'esteindra iamais la memoire;
Par cét illustre MAZARIN,
De qui le Nom graué d'vn celeste burin
Est l'embellissement de vos vieilles Annales;
Et qui de nos François partisan belliqueux,
Ne pouuant appaiser ces tempestes fatales,
Se pût resoudre au moins d'y perir auecque eux.

Vous le semble-t'il pas entendre,
Qui crie & demande aux Destins,
Que pour chastier ces Mutins
Vn Vengeur sorte de sa cendre;
Vous, dit-il, equitables Cieux,
Qui voyez quelle rage armé ces furieux,
Donnez le juste prix à leur injuste audace;
Et souffrez, dans le tort qu'ils nous font endurer,
Que j'espere qu'vn jour ma genereuse Race,
Par l'vn de mes Neueux le face reparer.

Il le dit, & d'une ame ferme
Attendant leurs traits inhumains,
Il vit par leurs barbares mains
De sa vie accourcir le terme.
Il tomba sous leur cruauté;
Sa cheute à voſtre Peuple oſta la liberté,
Et les François en luy perdirent leur reſſource;
L'eſpoir mourut en vous, en voyant son treſpas,
Vous choiſiſtes l'exil, & d'une pronte courſe
Loin de vos fiers Tirans vous portaſtes vos pas.

Que ces Tirans, belles Bannies,
Ne vous donnent plus de terreurs,
Voicy la fin de vos erreurs,
Et celle de leurs tirannies:
Le Vengeur aux Cieux demandé,
Eſt enfin par les Cieux à nos Temps accordé;
Le grand IVLES eſt né pour relever la France,
Pour terraſer l'Eſpagne il medite ſes coups,
Et va faire ſur elle une pleine vengeance
De ſon vaillant Ayeul, du François & de Vous.

Il va commencer ce miracle,
Ou plutost il va l'acheuer,
Sans que rien se puisse trouuer
Qui face mentir mon Oracle :
Pour l'accomplir heureusement
Il est plein de courage, & plein de iugement;
Les Vertus en son cœur sont toutes renfermées,
Et tel pour nostre Empire est son zele & sa foy,
Que l'Ibere en luy seul pense voir dix armées,
Et du grand RICHELIEV n'eust iamais plus d'effroy.

Les Lys eurent de claires preuues
De cette hereditaire ardeur,
Quand pour augmenter leur splendeur
Il parut sur le Roy des Fleuues;
Quand vos Tirans decouragez,
Au pied des hauts remparts qu'ils tenoient assiegez,
Dans leurs retranchemens attendoient la bataille;
Et que le Camp François d'vn cours precipité
Marchoit pour garentir la tremblante muraille,
Du joug qu'à sa franchise il voyoit apresté.

Alors, entre cent plombs rapides,
Entre cent visibles trespas,
Ce grand cœur vint de nos soldats
Suspendre les traits homicides ;
Prenant sur luy tout le danger,
Au milieu des Partis il voulut s'engager
Pour donner au plus juste vne douce victoire ;
De crainte aux Espagnols il fit tomber les dards,
Et nous fit obtenir l'inestimable gloire
D'auoir mis sans effort leur Mars sous nostre Mars.

Ceux qui d'vn branslement de teste,
Aydé par vn signe de main,
Au plus fort du choq inhumain
Luy virent calmer la tempeste ;
Creurent que, d'vn vol estendu,
Mercure, aux pieds aislez, des Astres descendu,
Venoit entre ces Camps mettre son Caducée ;
Et depuis cét effect si celebre en tous lieux,
Sa grandeur à chacun parut trop abbaissée
De ne le voir placé qu'au rang des Demy-dieux.

Cette

Cette action toute heroïque,
Ce chef-d'œuure des actions
Deslors fit monstre aux Nations
De son estoille pacifique.
La Terre s'apperceut deslors,
Que bien qu'il fust né propre aux belliqueux efforts,
Aux douceurs de la Paix son ame estoit plus née;
Et que si dans la guerre il s'embarquoit jamais,
Au seul bien des mortels sa vaillance bornée,
N'en feroit qu'vn chemin pour aller à la Paix.

※

Pour cette qualité diuine,
Le Ciel desormais disposé
A voir l'Vniuers appaisé,
A ce grand Oeuure le destine;
Pour elle vn Roy IVSTE & Vainqueur,
A l'honneur de la Pourpre esleua ce grand cœur,
Et commit à ses soins nostre jeune Monarque;
Pour elle dans le trouble où l'agitoit le Sort,
Il le prit pour Nocher de sa Royale barque,
Et par luy s'asseura de rencontrer le port.

Nymphes, c'est sa Vertu suprême,
Mais non la seule toutesfois,
Par qui du Royaume François,
Il fait briller le Diadême.
Ce n'est pas le seul ornement,
Qui donne à sa Fortune vn éclat si charmant,
Et fait d'vn feu si vif resplendir sa Personne ;
Par tout son ame est belle, & luit de tous costez,
Et soit pour elle mesme, ou soit pour la Couronne,
Elle jette à l'enuy d'immortelles clartez.

❧

Jamais dans le fort d'vn orage
Esmeu par de contraires vents,
Les Pilotes les plus sçauans
N'ont tesmoigné tant de courage.
Il enuisage le danger,
Quand mesme il voit le flot prest à le submerger,
Pour en parer le coup, & non pas pour le craindre ;
En tourmente, en bonace, il est tousiours égal ;
Le mal pour grand qu'il soit, ne le voit jamais plaindre,
Et son cœur est tousiours plus grand que n'est le mal.

En luy la puiſſante Sageſſe
Tempere les chauds mouuemens,
Et des rebelles ſentimens
Demeure en tout temps la maiſtreſſe;
Iamais aucune paſſion
Ne cauſa dans ſon ſein de vraye eſmotion;
Au fort du plus grand trouble en paix il ſe poſſede,
Et monſtrant au dehors le calme du dedans,
Pour mal qu'à ſa prudence vne trame ſuccede,
Il regne ſur luy-meſme & ſur les accidens.

※⁂※

Pour nous ſon cœur eſt tout de flamme,
Et ſon zele actif & bruſlant,
Dans nos intereſts ſe meſlant,
Leur ſert d'intelligence & d'ame.
C'eſt l'Eſprit de noſtre Vniuers;
C'eſt luy qui donne vie à ſes membres diuers;
C'eſt par luy ſeul qu'à tous la force eſt inſpirée;
Par eux tous il agit juſques dans les combats,
Et ſemble en agiſſant vn juſte Briarée,
Qui contre l'injuſtice anime tous ſes bras.

B ij

De sa formidable Conduitte
L'Austriche fremit dans ses Forts,
Et ses legitimes ressorts
Ont tantost l'Espagne destruitte.
Elle entretient habilement
L'amour de la franchise au sein de l'Allemand,
Qui depuis plus d'vn siecle apres elle soûpire;
Et d'vne égale addresse elle maintient les nœuds,
Qui tiennent la Suede vnie à cét Empire,
Et forcent les Destins de complaire à nos vœux.

Par sa Conduitte sans seconde,
Au milieu du Monde agité,
Vit & regne en tranquillité
La plus grande Reyne du Monde.
Son impenetrable Conseil
La fait luire aux humains comme vn autre Soleil,
Et luy fait remplir tout de sa gloire sublime;
Enfin son Art diuin fait par son doux effort,
Que cent Peuples diuers, d'vn penser vnanime,
Dans leurs égaremens la prennent pour leur Nord.

Par luy cét Enfant de nos larmes,
Cét agreable Mars naiſſant,
Ne trouue rien d'aſſez puiſſant
Pour rompre le cours de ſes armes.
Son Thrône n'a point d'Ennemis,
Qu'il n'ait veu malgré tout à ſa grandeur ſouſmis,
Bien que ces Ennemis ſoient les Dieux de la Terre;
Il n'a point de Sujets, qui d'vn courage franc,
Si ſon ſalut le veut, dans ce reſte de guerre,
Ne vueillent pour ſa cauſe eſpancher tout leur ſang.

Si pour deſtourner la tempeſte
De noſtre floriſſant Eſtat,
Il faut d'vn tiſſu delicat
Former le plan d'vne conqueſte;
Ce lumineux Entendement
En jette mieux que tous l'aſſeuré fondement,
Il en ſçait mieux que tous eſleuer la machine;
Il voit dans ſon objet tout ce qui s'y peut voir;
Il ne craint point d'obſtacle à quoy qu'il determine,
Et comme il preuoit tout, à tout il ſçait pouruoir.

Tu l'as appris à ton dommage,
Vaillant, mais volage Lorrain,
Priué par son Art souuerain
Du reste de ton heritage.
Par cét Art la gloire des Arts,
Tes yeux ont veu forcer les perfides rempars
De ta MOTHE *en tes fers par fraude rengagée;*
Ils ont auec ses tours veu ses toits demolis,
Et sur ses habitans veu la France vengée
De l'injure par toy faite à la Fleur de Lys.

※

Ibere, en tes propres entrailles,
Tu l'as tristement esprouué,
Apres t'estre à peine sauué
De tant de funestes batailles.
ROZES, *ton fameux bouleuard,*
Esbranlé par l'effort de ce merueilleux Art,
A fait voir aux Mortels jusqu'où va sa puissance;
T'a fait voir en ses rocs, éclatez & fumans,
Auec quelle efficace, & de quelle distance,
Il pousse & fait agir ses nobles Instrumens.

Ainsi dans la vaste carriere
Où courent les Astres errans,
Le Soleil verse des torrens
Meslez de flamme & de lumiere;
Sans qu'il abandonne les Cieux
De son char vagabond en ces terrestres lieux,
Par les plaines de l'air tombent ses influences;
Et s'il fait icy bas tout ce que nous voyons,
Il le fait au trauers des espaces immenses
Seulement par le feu qu'il preste à ses rayons.

Jamais auenture sinistre
N'a confondu ny trauersé
De plan qu'une fois ait tracé
L'Art d'vn si preuoyant Ministre;
Le Ciel qui le fit sans pareil,
Luy donna pour destin que son sage Conseil
Seroit tousiours suiuy de la bonne fortune;
Et par vn priuilege à luy seul accordé,
L'affranchit de la loy qui veut que sous la Lune
Le bonheur du malheur soit tousiours secondé.

Mais cét heur qui suit quoy qu'il face,
Qu'on nomme vne grace des Cieux,
Se nommeroit toutesfois mieux
Vne justice qu'vne grace.
Son esprit qui ne va qu'au bien,
Et qui contre le droit n'entreprend jamais rien,
De ses justes projets la recompense attire;
Les Cieux en les voyant s'en rendent amoureux,
Les conduisent au but où chacun d'eux aspire,
Et parce qu'ils sont bons veulent qu'ils soient heureux.

※

Vne fois seule entre dix mille,
BREZE', par ta fatale mort,
Son Art dans son plus bel effort
A veu son trauail inutile.
Malgré l'admirable Projet
Qui deuoit rendre aux Lys ORBITELLE sujet
Ta mort à nostre joug a soustrait cette Place;
L'Ibere a profité de ce cruel malheur,
Et ce qu'il ne deuoit qu'à ta seule disgrace,
Il la voulu deuoir à sa seule valeur.

Mais

Mais voy ton illustre vengeance,
Dans la prise de ces deux Forts,
Dont l'Elue, & les Hetrusques bords
Souffroient l'injuste violence.
D'vne incroyable fermeté
Cét Art au climat mesme, & dans le mesme Esté,
A fait plus hautement regronder son tonnerre;
Il l'a fait éclater en cent rapides feux,
Et le precipitant sur l'vne & l'autre terre,
Par eux au lieu d'vn Fort en a foudroyé deux.

※⁂※

Par luy de l'habitant du Tage
L'orgueil est humble desormais,
Iusques à demander la Paix,
Et baiser la main qui l'outrage.
Par luy nostre legereté
Se captiue, se fixe, & d'vn sens arresté
Poursuit ses hauts desseins en depit des obstacles;
Il force la Nature, & se la sousmettant,
Fait voir à l'Vniuers les deux nouueaux miracles,
De l'Espagnol modeste, & du François constant.

C

De quelque maligne imposture,
Dont ses jaloux blessent sa foy,
S'il faut l'endurer pour son Roy,
D'vn cœur magnanime il l'endure;
Aux besoins du Throne Royal,
Il peut sacrifier la douleur de son mal,
Et pour eux sans regret peut perdre sa vengeance;
Il peut en leur faueur son courroux estouffer,
Et noyant dans l'oubly sa plus cruelle offense,
Faire de son dépit sa vertu triompher.

※

Sans craindre la haine & l'enuie,
Dont l'air des Cours est infecté,
Il ne cherche sa seureté
Qu'en l'innocence de sa vie.
Il n'a de gardes que les Cieux,
Et se liure au public, en tout temps, en tous lieux,
Sinon quand pour son bien le Public le renferme;
Mais quelque part qu'il soit, tousiours à son costé,
Est la Prudence graue, & le Courage ferme,
La douce Temperance & la droite Equité.

Nos Eſtats accreus par ſes veilles,
L'ont veu, non ſans eſtonnement,
Aux vœux de ſon accroiſſement
Fermer conſtamment les oreilles;
De ſes propres grandeurs content,
A nulle autre grandeur ſon eſprit ne pretend;
A nul autre pouuoir ſa volonté n'aſpire;
De gloire ſeulement il peut eſtre tenté;
S'il deſire aucun bien, c'eſt ce bien qu'il deſire,
Et qu'il acheteroit au prix de la clarté.

※☙※

Tout auantage l'importune,
Et ſon cœur deſintereſſé,
Par la Fortune careſſé,
Traitte auec meſpris la Fortune.
Son ſoin n'eſt qu'à la rejeter,
Lors qu'auec tout ſon luſtre elle le vient flater,
Ou que de tous ſes biens elle luy fait largeſſe;
Et s'il ne peut touſiours la tenir loin de luy,
Il n'en eſt conſolé, que quand de ſa richeſſe
Il ſe peut deſpoüiller pour reueſtir autruy.

C ij

A tous il est d'accés facile,
Fors à qui, dans son mauuais sort,
En pense obtenir du support
Par vn abbaissement seruile.
Il ne sçauroit estre abusé
Par l'honneur apparent d'vn respect desguisé;
Il desmesle le faux d'auec le veritable;
Et loin d'aymer l'encens qu'on offre à son pouuoir,
A peine sa raison croit-elle supportable
Celuy que son merite exige du deuoir.

A tant de qualitez suprêmes,
Les Cieux liberaux de tout point,
Pour derniere faueur ont joint
Les graces corporelles mesmes.
Ils ont voulu que ces thresors,
Sous vn aymable aspect parussent au dehors,
Et par l'enchassement accreussent leur lumiere;
Sur son auguste front le prix en est escrit,
Et pour former des deux vne merueille entiere,
L'éclat du corps s'égale à celuy de l'esprit.

Par cette presence agreable
En luy tout a plus d'agrément;
Son admirable entendement
Par elle en est plus admirable;
Sa naturelle authorité
Par elle aux yeux du Monde accroist sa dignité;
Par elle ses bontez rehaussent leur estime;
Par elle ses presens redoublent leur valeur,
Et quand il luy faut faire vn refus legitime,
Par elle du refus s'amoindrit la douleur.

Vous murmurez, ô sainte Bande,
De n'oüir point parmy mes sons,
Celebrer l'vn de ces grands dons,
Qui rendent sa gloire plus grande.
Vous m'accusez d'auoir laissé
Cét amour vehement auec le lait sucé,
Que son genereux sein nourrit pour vos mysteres;
Et vous ne croyez pas qu'il me soit inconnu,
Puisque jusques à vous, en ces lieux solitaires,
De cent lieux differens le bruit en est venu.

Non, belles Nymphes esplorées,
Les peines, dont ce grand Heros
Sent, pour vous, troubler son repos,
De moy ne sont pas ignorées.
Ie sçay les vifs embrasemens,
Les transports amoureux, & les saints mouuemens,
Que vos diuins concerts excitent dans son ame;
Ie sçay qu'il vous honnore, & qu'il languit pour vous,
Et que si son loisir respondoit à sa flamme,
Il feroit de vos chants son plaisir le plus doux.

Oüy, je sçay par l'experience
De mon oreille & de mes yeux,
Iusqu'où dans vos Arts glorieux
Va sa lumiere & sa science.
Ie sçay que de vos jeunes Sœurs
Il cherit l'industrie & gouste les douceurs;
Que de luy la Peinture est sur toutes aymée;
Que pour luy la Musique a des attraits puissans;
Et que par la Sculpture vne image animée,
Touche sa fantaisie, & luy charme les sens.

Ie sçay les pensers fauorables,
Qu'espris d'vn feu si vehement,
Il a pour le soulagement
De vos fortunes miserables.
Aussi voyant que cette ardeur
De ses perfections renforçoit la splendeur,
I'en reseruois l'éclat pour comble de sa gloire;
C'estoit le dernier trait qu'il luy falloit donner,
Par là de ses Vertus deuoit finir l'histoire,
Et ses dons par ce don se deuoient couronner.

※

Lors que nos trouppes égorgées
Par vos Cyclopes furieux,
Par ce Heros venu des Cieux
Auront enfin esté vengées ;
Lors que vos antres & vos bois,
Seront par son secours retournez sous vos loix,
Et que vous regnerez d'où vous fustes bannies ;
O ! quelle ample matiere il sera de vos vers,
Et qu'auecque plaisir, ses Vertus infinies
Se feront dans vos chants oüir par l'Vniuers.

Nymphes, je sens approcher l'heure,
Où ce Vengeur si souhaité,
Vous doit en pompe & majesté
Restablir dans vostre demeure;
Efforcez-vous, releuez-vous,
Et quitant desormais le ton facile & doux,
Prenez, pour le chanter, vn ton ferme & sublime;
Faites bruire par tout l'honneur de vostre Appuy,
Et croyez que pour haut que monte son estime,
Elle sera tousiours bien au dessous de luy.

CHAPELAIN.

Extrait du Priuilege du Roy.

PAR Grace & Priuilege du Roy, signé CONRART, en datte du troisiesme Mars 1643. Il est permis au sieur CHAPELAIN Conseiller du Roy en ses Conseils, de faire imprimer toutes ses œuures separément ou conjointement, en vn ou plusieurs volumes, en telles marges, & en tels characteres que bon luy semblera, durant l'espace de vingt ans, à compter du iour que chacune de sesdites pieces sera acheuée d'imprimer : Faisant inhibitions & deffences à tous autres de quelque qualité & condition qu'ils soient, de les imprimer ou faire imprimer, ny mesme d'en rien contrefaire sur peine de trois mille liures d'amende, applicable vn tiers à Nous, & le reste audit Exposant, ou qui auront son droit, comme il est plus au long porté par lesdites Lettres.

Et ledit sieur Chapelain a cedé & transporté son droit pour l'impression de cette Ode pour Monseigneur le Cardinal Mazarin, à la Veuue Iean Camusat, & Pierre le Petit Marchands Libraires, pour en iouyr comme luy-mesme, suiuant le transport qu'il leur en a fait le dixiesme Mars 1647.

Acheué d'imprimer pour la premiere fois, le 13. Mars 1647.

www.ingramcontent.com/pod-product-compliance
Lightning Source LLC
Chambersburg PA
CBHW060618050426
42451CB00012B/2312